AF279331

María Martín Fernández

APULEYO EDICIONES   FOMENTO DE VALORES   CUENTOS ILUSTRADOS

Óliver
y su mamá

APULEYO EDICIONES   FOMENTO DE VALORES   CUENTOS ILUSTRADOS

Hay muchos tipos de familias: familias con una mamá y un papá, familias con dos mamás o dos papás, familias con un solo papá o una mamá e, incluso, familias sin niños.

En mi familia somos mi mamá y yo, Óliver.

A algunos les puede parecer una familia pequeña,
pero mamá y yo no estamos solos.

Están los abuelos, la bisa, los perritos,
los tíos, los primos...

... y nuestra familia elegida: los amigos.

Y todos juntos somos una gran y bonita familia.

Mamá y yo hacemos lo que cualquier otra familia:
jugamos, reímos, paseamos, viajamos...

... y somos muy felices.

Mamá tenía muchas ganas de tenerme

y, como no había un papá, pidió ayuda a los médicos para que colocaran dentro de su tripita la semillita que necesitaba.

Y así nací yo.

¡Qué valiente eres, mamá!

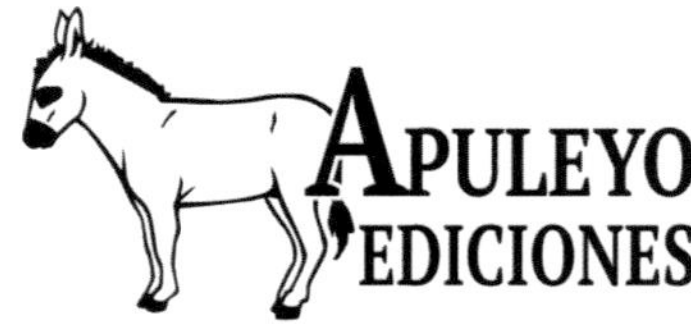

© María Martín Fernández (de la obra)
©Apuleyo Ediciones (de esta edición)
Primera edición en Apuleyo Ediciones: marzo 2024
Diseño de cubierta: Sofía Corzo González
Corrección: Lorena Maestre Gregori
Maquetación: Domingo Carrasco Martín
Ilustraciones: JS
Coordinación editorial: Isidoro Cidre González
info@apuleyoediciones.com
www.apuleyoediciones.com
ISBN: 978-84-10068-81-0
Depósito legal: H 572-2023

Hecho e impreso en España.

Óliver
y su mamá

APULEYO EDICIONES   FOMENTO DE VALORES   CUENTOS ILUSTRADOS

María Martín Fernández

APULEYO EDICIONES   FOMENTO DE VALORES   CUENTOS ILUSTRADOS